Contenido

Bienvenido a México 4

La tierra de México 6

Historia 8

México moderno 10

Clima y geografía 12

Comida y cultura 18

La vida diaria 24

Tiempo libre y deportes 26

Viajes y ciudades 28

La vida rural 36

Viajes y turismo........................40

¿Quedarse o volver a casa? 42

Descubre más 44

Línea cronológica 45

México: Datos y cifras................46

Glosario..............................47

Índice..............................48

En el glosario encontrarás las definiciones de las palabras que aparecen en el texto en negrita, **como éstas.** También puedes buscar el significado de algunas palabras en el Banco de palabras al final de cada página.

Música de mariachis

Las bandas de mariachis tocan para el público en las plazas y los cafés de todo el país. Tocan las canciones con guitarras, trompetas y violines. Generalmente, los músicos visten atuendos tradicionales (ver foto en la página 5).

Te despiertas en una habitación de hotel y escuchas música y cantos. Miras por la ventana. Ves una calle angosta con edificios de colores brillantes.

Músicos ambulantes

Una pequeña banda de músicos pasa por la calle. Hay dos hombres rasgueando sus guitarras. Otro está tocando el violín. Están cantando una canción triste en español.

Aquí ves una calle típica del centro de Puebla. ¡Aquí es donde comienza tu viaje!

BANCO DE PALABRAS sombrero mexicano sombrero grande de ala ancha que, a menudo, usan los mexicanos

Detectives
de viajes

México

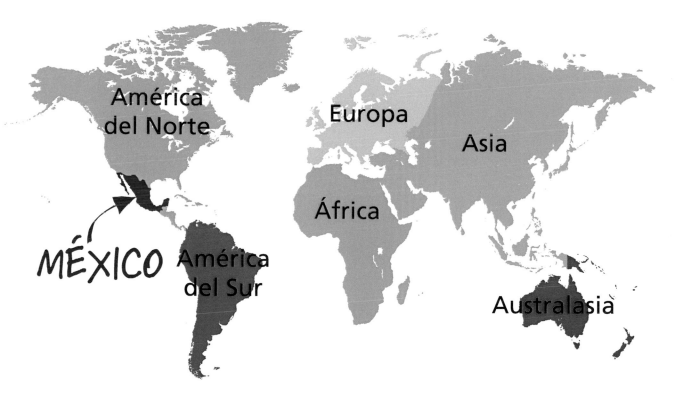

América
del Norte

Europa

Asia

África

MÉXICO   América
del Sur

Australasia

Jen Green

Raintree

Chicago, Illinois

© 2008 Raintree
Published by Raintree,
an imprint of Capstone Global Library, LLC
Chicago, Illinois

Customer Service 888-363-4266

Visit our website at www.raintreelibrary.com

Translation into Spanish produced by DoubleO Publishing Services

Printed and bound in the United States of America in Eau Claire, Wisconsin. 091114   008501RP

15 14 13
10 9 8 7 6 5 4 3

Library of Congress Cataloging-in-Publication Data

Green, Jen.
   [Mexico. Spanish]
   México / Jen Green.
      p. cm. -- (Detectives de viaje)
   Includes bibliographical references and index.
   ISBN 978-1-4109-3201-3 (hb : alk. paper) --
ISBN 978-1-4109-3207-5 (pb : alk. paper)
   1. Mexico--Description and travel--Juvenile literature. 2.
Mexico--Geography--Juvenile literature. I. Title.
   F1216.5.G7318 2008
   972--dc22
                              2007047926

Acknowledgments

The author and publishers are grateful to the following for permission to reproduce copyright material:
ABPL p. 18 (Tony Robins); Action Plus pp. 26-27 (Neil Tingle); Alamy Images pp. 20r (Brian Atkinson), 43 (britishcolumbiaphotos.com), 20l (D. Hurst), 34 (Danita Delimont), 30-31 (John Arnold Images), 38-39 (PCL), 12-13 (Stock Connection); Bridgeman Art Library pp. 10 (Father Hidalgo (mural), Orozco, Jose Clemente (1883-1949) / Government Palace, Guadalajara, Mexico, Mexicolore), 10-11 (Museo Nacional de Historia, Mexico City, Mexico); Corbis pp. 8 (Bettmann), 38 (Bob Krist), 24 (Bohemian Nomad Picturemakers), 32-33 (Carl & Ann Purcell), pp. 9l, 22-23, 41 (Charles & Josette Lenars), pp. 16-17, 18-19, 21, 33, 40, 42 (Danny Lehman), 29 (Gerald French), 35 (Gideon Mendel), 5 (Gunter Marx Photography), 9r (Historical Picture Archive), 13 (Kevin Schafer), 12, 36 (Macduff Everton), 16 (Nik Wheeler), 15 (Owen Franken), 26 (Pablo San Juan), 28 (Phil Schermeister), 31 (Randy Faris), 14-15 (Reuters), 36-37 (Robert Holmes), 42-43 (Stephen Frink), 24-25 (Steve Starr), 7t (Tom Bean); Corbis Royalty Free pp. 7b, 28-29; Harcourt Education Ltd pp. 4-5, 6 (John Miller); www.visitmexicopress.com pp. 23, 30.

Cover photograph of cactus reproduced with permission of Corbis/B.S.P.I..

Illustrations by Kamae Design.

Every effort has been made to contact copyright holders of any material reproduced in this book. Any omissions will be rectified in subsequent printings if notice is given to the publishers.

The paper used to print this book comes from sustainable resources.

¿Dónde estás?

La ropa de los músicos te da una idea de dónde te encuentras. Todos tienen **sombreros mexicanos**. Los sombreros mexicanos tienen ala ancha. También llevan botas de vaquero.

¡Debe ser México! Estos músicos son una de las bandas de **mariachis** famosas en este país.

Estás en la ciudad de Puebla, situada en el altiplano central de México. Llegas justo a tiempo para una gran fiesta. La banda está preparándose.

Ponchos y sombreros

Los ponchos son atuendos tradicionales que usan los agricultores mexicanos. Un poncho es un cuadrado de tela tejida que tiene un agujero para pasar la cabeza. Los sombreros mexicanos tienen ala ancha. Protegen la cabeza del sol.

Los ponchos protegen de la lluvia. También te mantienen caliente cuando hace frío.

mariachi banda de músicos callejeros mexicanos que cantan y tocan el violín, la guitarra y la trompeta

Datos sobre México

POBLACIÓN:
104.9 millones

SUPERFICIE:
756,066 millas cuadradas (1,958,202 kilómetros cuadrados)

CAPITAL:
Ciudad de México

IDIOMAS:
El español es el idioma oficial. Hay más de 50 idiomas indígenas mexicanos.

Estás mirando un folleto turístico. Tiene fotos y un mapa de las muchas regiones de México.

La tierra

En el norte, México comparte una amplia **frontera** con los Estados Unidos. El país se hace mucho más angosto en el sur, donde comparte una frontera más pequeña con Guatemala y Belice.

Hay dos grandes **penínsulas**. Una península es una extensión de tierra que sobresale hacia el mar. Baja California es una península larga y estrecha al norte de México. La península de Yucatán está en el sureste.

¿Dónde viven las personas?

El norte de México es, en su mayor parte, seco y sin vegetación. Pocas personas viven allí. La mayoría vive en los pueblos y las ciudades de la meseta central. Allí está situada Puebla. En el extremo sur y en la península de Yucatán hay menos ciudades y pueblos.

La península de Yucatán cuenta con selvas densas y húmedas llamadas selvas tropicales. Estas selvas albergan plantas y animales poco comunes.

México está dividido en 31 estados y el Distrito Federal. Cada estado tiene su propio gobierno. Los ciudadanos eligen al gobernador. El Distrito Federal es una región especial donde se encuentra la capital, la Ciudad de México.

Muchas clases diferentes de **cactus** crecen en todo el norte seco de México.

ESTADOS UNIDOS

Lago Salada

Baja California

Sonora

Chihuahua

Chihuahua

Coahuila

Baja California Sur

GOLFO DE CALIFORNIA

Sierra Grande Occidental

Monterrey

Durango

Rio Grande

OCÉANO PACÍFICO

Nuevo León

Sierra Grande Oriental

GOLFO DE MÉXICO

Tamaulipas

Sinaloa

Zacatecas

San Luis Potosí

Querétaro

Nayarit

Aguascalientes

León

Hidalgo

Cancún

Yucatán

Tequila

Tlaxcala

MAR DEL CARIBE

Quintana Roo

Campeche

Guadalajara

Jalisco

Colima

Ciudad de México

Puebla

Puebla

Veracruz

Tabasco

BELICE

Guanajuato

Michoacán

Guerrero

Sierra Madre del Sur

Chiapas

Estado de México

Acapulco

Oaxaca

HONDURAS

Morelos

Pico de Orizaba

GUATEMALA

EL SALVADOR

N
O ● E
S

0 — 800 km
0 — 500 millas

La población de México
Los indígenas mexicanos fueron los primeros pobladores de México. Hoy en día, la mayoría de los mexicanos son **mestizos**, una mezcla de indígenas y europeos.

En la península de Yucatán, Cancún es el balneario más famoso de México.

Otros (15%)

Indígenas mexicanos (10%)

Mestizos (75%)

península extensión de tierra rodeada de agua por tres de su lados

Sacrificios humanos

Los aztecas ofrecían **sacrificios** humanos al dios del sol. Mataban personas y ofrecían sus corazones al dios (debajo). Creían que tenían que hacer esto para que el sol saliera cada día.

¡Estás aquí!

Al caminar por Puebla, puedes observar una extraña colina con una iglesia en la cima. Alguien te dice que es la Gran Pirámide de Cholula. Son las ruinas de un templo antiguo.

México ha sido el hogar de muchas **civilizaciones** importantes. Éstas construyeron ciudades impresionantes. Algunas de estas ciudades antiguas aún están en pie.

Los aztecas

Los aztecas fueron la última gran civilización indígena. Gobernaron la mayor parte de México desde aproximadamente la década de 1300 hasta la década de 1520. Fueron conquistados por los soldados españoles provenientes de Europa occidental. Estos soldados se llamaban **conquistadores** (ver panel de la página 9).

La Nueva España

Los españoles asumieron el control de la tierra azteca y la extendieron. La llamaron Nueva España, incluía la mayor parte de América Central y grandes regiones de los Estados Unidos. Los españoles construyeron pueblos y ciudades por todo México. Eran similares a los pueblos y ciudades de España.

BANCO DE PALABRAS civilización sociedad muy organizada que se ha desarrollado en un país o una región en particular

En 1519, un soldado español llamado Hernán Cortés llegó a México. Trajo hombres, armas y cañones. Cortés y sus hombres conquistaron a los aztecas en menos de tres años. Se llamaron conquistadores.

Esta pintura muestra a Hernán Cortés (izquierda) en un encuentro con el gobernante azteca, Moctezuma, quien fue asesinado en 1520.

La Gran Pirámide de Cholula fue, en una época, la más grande de América Central. Luego se construyó una iglesia sobre ella.

sacrificio algo o alguien al que se asesina y se ofrece a un dios

Visitas el Museo de la Revolución de Puebla. Aquí aprendes la historia más reciente de México.

El dominio español

Los españoles gobernaron México durante 300 años. La vida era difícil para los mexicanos. Tenían que trabajar en la tierra o en las minas. Esas minas abastecían a España de plata y oro.

En 1810, los mexicanos comenzaron a luchar contra los gobernantes españoles. México finalmente logró liberarse de España en 1821.

El grito de Dolores

En 1810, el padre Miguel Hidalgo dio su famoso discurso. Habló desde su iglesia de Dolores en el centro de México. Instó a los mexicanos a expulsar a los españoles. Este discurso dio inicio a la **rebelión** que otorgó a México su libertad.

El discurso de Hidalgo se conoce como "el grito de Dolores".

BANCO DE PALABRAS independencia momento en el que un país se libera del control de otro

Los primeros años de la independencia

Para México, el primer siglo de **independencia** fue difícil. El país combatió en guerras con Gran Bretaña, Francia, España y los Estados Unidos. Los Estados Unidos se quedaron con casi la mitad de la tierra de México.

En 1877, Porfirio Díaz se convirtió en el presidente de México. Fue un gobernante duro con poderes absolutos. En 1910, los mexicanos comenzaron a luchar contra el control de Díaz. Esto se conoce como la **Revolución Mexicana**. Díaz escapó a Francia en 1911 y la lucha terminó en 1917 con la victoria del pueblo.

Francia invadió México en 1862. Los mexicanos derrotaron a los franceses en la Batalla de Puebla, que puedes ver aquí. Sin embargo, los franceses luego derrotaron a los mexicanos en ese mismo año.

rebelión momento en el que un grupo de personas se unen para luchar contra aquellos que están en el poder

Puebla está rodeada de montañas. Mira un mapa para ver cómo es el resto de México.

Montañas y mesetas

México es un país montañoso. Más de la mitad del país está a más de 3,300 pies (1,000 metros) de altura. Hay tres grandes cadenas montañosas. Éstas son la Sierra Madre occidental, oriental y del sur (consulta el mapa de la página 7).

El área extensa y alta que se encuentra entre estas sierras se denomina **Meseta** Central, donde está Puebla.

México subterráneo

México tiene muchos sistemas de cavernas sorprendentes (debajo). Muchas se encuentran en la península de Yucatán.

meseta área de tierra alta y plana

Ríos y tierras bajas

El río más largo de México es el Río Bravo. También se conoce como Río Grande. Este río constituye la mayor parte de la **frontera** con los Estados Unidos.

Las tierras bajas más extensas de México se ubican a lo largo de la costa del Golfo y la península de Yucatán.

Hay muchos ríos subterráneos en Yucatán. En algunos lugares, los techos de estos ríos subterráneos se han derrumbado. Esto forma pozos rocosos llamados cenotes.

La Barranca del Cobre

La Barranca del Cobre es uno de los lugares de interés más espectaculares de México. Está formada por cinco **cañones** que se unen en la Sierra Madre occidental.

Los cenotes, como éste, tienen agua turquesa y transparente.

La Barranca del Cobre es más ancha y más profunda que el Gran Cañón de los Estados Unidos.

cañón valle profundo, con pendientes pronunciadas, que se ha formado con el flujo de agua

Volcanes y terremotos

¿Qué fue eso? Durante un segundo la tierra parecía temblar. Pero nadie le prestó mucha atención. Alguien dijo que era un **temblor**. Un temblor es un terremoto pequeño.

En el océano Pacífico hay una zanja profunda. Esta zanja es el lugar en el que dos secciones gigantes de la corteza terrestre coinciden y chocan. Esto provoca erupciones volcánicas en México, así como terremotos. México sufre temblores pequeños muy a menudo. A veces ocurren terremotos.

El nacimiento de un volcán

El Paricutín es el volcán más joven de México, se formó en 1943. Apareció por primera vez como un montículo de donde salía humo en las tierras de un agricultor. Actualmente, el Paricutín es una montaña enorme. Tiene más de 9,200 pies (2,800 metros) de altura.

El nombre *Popocatépetl* significa "el viejo humeante" en un idioma indígena local.

Volcán humeante

Una cadena de montañas volcánicas cruza México de oeste a este. Estas montañas incluyen dos volcanes que se alzan imponentes sobre Puebla, el *Iztaccíhuatl*, o Izta, y el *Popocatépetl*, o Popo. Se cree que el Izta nunca volverá a entrar en erupción, pero el Popo sigue **activo**. A menudo, se puede ver humo saliendo de la montaña.

En 1985, un gran terremoto sacudió la Ciudad de México. Destruyó muchos edificios y murieron más de 6,000 personas.

activo que puede entrar en erupción en el futuro

El clima en México

El sol del mediodía es muy fuerte en Puebla. Todos usan sombreros y anteojos de sol. Muchos duermen una siesta después de almorzar. Cuando se acerca el atardecer, la temperatura disminuye.

Climas diferentes

Las zonas más calurosas de México son las tierras bajas. Las más frescas se encuentran en las áreas montañosas. La **Meseta** Central se encuentra entre estas dos zonas. Los veranos son cálidos y los inviernos, frescos.

En algunas zonas del sureste de México caen hasta 157 pulgadas (400 centímetros) de lluvia por año. Estas intensas lluvias permiten el crecimiento de selvas frondosas.

Lluvias

En Puebla llueve mucho; sin embargo, en muchas partes de México llueve muy poco. En consecuencia, más de la mitad del país está cubierto de desiertos o matorrales. Un matorral es un lugar donde crecen árboles y arbustos pequeños.

Sin embargo, en algunas partes del sur de México llueve demasiado. Las intensas lluvias de verano en Chiapas y Tabasco (ver el mapa de la página 7) pueden provocar grandes inundaciones.

Temporada de huracanes

A veces, los **huracanes** azotan la costa del sur de México a fines del verano. Estas tormentas tropicales comienzan en el mar y causan una gran destrucción cuando se dirigen a tierra firme.

El Pico de Orizaba es la montaña más alta de México. La cima siempre está cubierta de nieve.

Ya es de noche y es hora de pensar en la cena. La comida mexicana es una mezcla de cocina española e indígena. Los platos picantes de México son populares en muchos países.

Tortillas

El alimento principal de México es el maíz, que se utiliza para hacer panqueques planos, llamados tortillas. Se pueden rellenar o bañar con queso, carne y especias.

En el menú

• **TACOS:** tortillas enrolladas rellenas de queso, frijoles, verduras o carne picante.

• **TOSTADAS:** tortillas planas tostadas y cubiertas con salsas.

• **GUACAMOLE:** salsa de aguacate.

• **CHILES RELLENOS:** pimientos verdes rellenos de queso o carne.

Este taco se sirve con lechuga, guacamole y crema agria.

Frijoles y chiles

Los frijoles y los chiles se usan en muchos platos. Uno de los platos mexicanos más famosos es chile con carne. Consiste en carne y frijoles servidos con una salsa de chile picante.

Alimentos de México

Hoy en día, muchos alimentos de México se utilizan en la cocina de todo el mundo. El chocolate, la vainilla y los chiles son mexicanos. Los tomates, los aguacates, los frijoles y los cacahuates también provienen de México.

Hay muchos tipos de bocadillos mexicanos sabrosos. Los puedes comprar prácticamente en cualquier momento del día.

Día de fiesta

Mañana es el Cinco de Mayo. Es un momento para celebrar. El 5 de mayo de 1862, los mexicanos derrotaron a los franceses en la Batalla de Puebla. Todo México celebra esta victoria. Las celebraciones más importantes se llevan a cabo aquí, en Puebla.

Comienzan las celebraciones

El día de la fiesta, el mercado abre temprano en la plaza central. Hay puestos que venden artesanías y todo tipo de bocadillos.

Durante la fiesta del 5 de mayo hay fuegos artificiales y petardos.

Las mujeres lucen sus atuendos regionales en un desfile. Usan faldas bordadas y blusas con volantes.

BANCO DE PALABRAS

mariachi banda de músicos callejeros mexicanos que cantan y tocan el violín, la guitarra y la trompeta

A todo ritmo

Más tarde hay un desfile en la plaza principal. Todos usan atuendos regionales. Algunos llevan los tocados de plumas de los indígenas. Las personas bailan al compás de la música de las bandas de **mariachis**.

Lo más destacado son los fuegos artificiales. En Puebla, los fuegos artificiales se atan a un atuendo de toro. Un hombre se pone este traje y embiste al público. Los petardos se hacen sentir en todos lados.

Rodeos

Los días de fiesta hay charreadas (rodeos). Los vaqueros (charros) usan trajes magníficos y montan toros salvajes o potros sin domar, que corcovean. Algunos muestran su habilidad con el lazo. Los lazos se utilizan para enlazar toros y caballos mientras cabalgan (izquierda).

Feriados y fiestas importantes

1° DE ENERO:
Día de Año Nuevo

21 DE MARZO:
Nacimiento de Benito Juárez. Juárez fue uno de los primeros presidentes de México.

MARZO/ABRIL:
Cuaresma y Pascua

5 DE MAYO:
Batalla de Puebla

15 y 16 DE SEPTIEMBRE:
Día de la Independencia

12 DE OCTUBRE:
Día de la raza

1° y 2° DE NOVIEMBRE:
Día de los Muertos

20 DE NOVIEMBRE:
Día de la Revolución

12 DE DICIEMBRE:
Fiesta de Nuestra Señora de Guadalupe

25 DE DICIEMBRE:
Día de Navidad

Religión

En el siglo XVI, los **conquistadores** españoles llegaron a México y, junto con ellos, la religión **católica**. Hoy en día, el 90 por ciento de la población mexicana es católica romana.

Fiestas

Algunas fiestas celebran fechas importantes de la historia de México. Sin embargo, la mayoría corresponde a días de santos católicos. La figura religiosa más venerada en México es la Virgen de Guadalupe. En el día de Nuestra Señora de Guadalupe hay un gran desfile en la Ciudad de México.

Estas calaveras están hechas de chocolate y glaseado. Son parte de las celebraciones del Día de los Muertos.

católico relacionado con la religión católica romana, o un seguidor de la religión católica romana

Día de los Muertos

En México hay tanto creencias cristianas como indígenas. En muchas fiestas, éstas creencias se mezclan, como sucede en la fiesta más famosa de México, el Día de los Muertos.

En el Día de los Muertos, los mexicanos recuerdan a sus seres queridos fallecidos. Las familias preparan un banquete para los espíritus de los muertos. Encienden velas para guiar a los espíritus a sus hogares. Regalan dulces y chocolates con forma de calavera.

¡Toros sueltos!
El pueblo de Huamantla, en el sureste de México, celebra una fiesta tenebrosa: la Noche en que Nadie Duerme. Esa noche, los toros corren libres por las calles. Debes correr rápido si un toro se dirige hacia ti.

Es la mañana después de la fiesta. Todo ha vuelto a la normalidad. Las personas van a trabajar y los niños a la escuela.

Empleos e industria

El empleador más grande de Puebla es una fábrica de automóviles. México tiene muchas fábricas que producen toda clase de productos, como automóviles, ropa y alimentos. Las empresas estadounidenses y japonesas han establecido muchas fábricas cerca de la frontera con los Estados Unidos. Éstas se llaman maquiladoras. Las maquiladoras emplean a mexicanos.

La minería

México es rico en minerales como oro, plata, cinc, plomo y cobre. También hay grandes reservas de petróleo y gas natural que se encuentran en la tierra y en el mar.

El petróleo se extrae en el Golfo de México.

mineral sustancia que se encuentra en la tierra; como el oro, la plata y el cinc

Escuelas

La ley mexicana establece que los niños deben ir a la escuela entre los seis y los catorce años. A menudo, los niños de las familias más pobres no terminan su educación. En algunos casos, tienen que trabajar.

Algunos niños del campo viven lejos de las escuelas. Asisten a una telesecundaria. En una telesecundaria, las clases se transmiten por televisión.

Esta maquiladora está en la ciudad fronteriza de Tijuana. La mayoría de los automóviles y los camiones producidos allí se vende en los Estados Unidos.

Jai alai

El *jai alai* es un juego rápido que se asemeja al *squash*. Los jugadores usan raquetas curvas para golpear una pelota de goma dura. La pelota puede rebotar en las paredes de la cancha. Este juego se originó en España.

Entonces, ¿qué hacen los mexicanos en su tiempo libre? Te encuentras con niños jugando al fútbol en un callejón.

Locura futbolística

El fútbol es el deporte favorito de México. Se juega en todas las ciudades y los pueblos. Los partidos más importantes se juegan en el estadio Azteca de la Ciudad de México.

El *jai alai* es un juego muy rápido; ¡la pelota puede alcanzar una velocidad de 190 mi./h (290 km/h)!

Otros deportes

El básquetbol, el voleibol y el béisbol son también muy populares. La corrida de toros ha sido un deporte de espectadores en México durante los últimos 500 años. Muchas personas piensan que las corridas de toros son una exhibición de destreza y valentía.

Cómo relajarse en México

Familias enteras disfrutan paseando por las noches. Las ciudades como Puebla tienen una vida nocturna muy alegre, con bares, cines y discotecas.

Hinchas de fútbol mexicanos que disfrutan de la Copa Mundial de 2002 en Japón.

Viajes y ciudades

Quieres conocer otras partes de México. La capital, la Ciudad de México, es tu próxima parada. Pasas por la oficina de turismo para averiguar cuál es la mejor forma de viajar.

Por carretera

México tiene cadenas de montañas muy altas. Esto hace difícil la construcción de caminos y vías férreas en el país. La mayoría de las vías de transporte va de norte a sur y se extiende sobre **llanuras** y **valles**. Una de las mejores formas de trasladarse es en autobús.

Transporte rural

Tomas el autobús de Puebla a la Ciudad de México. Después de Puebla, la carretera cambia. En el campo, se utilizan burros, carretas de bueyes, motocicletas y bicicletas para transportar personas y cargas pesadas.

Esta calle mexicana rebosa de coloridos taxis. Las personas en las ciudades a menudo comparten uno.

Los burros se utilizan para ayudar a cargar leña en el campo.

BANCO DE PALABRAS llanura área de tierra plana y extensa

Por tren y avión

Viajar en tren es económico, pero no es muy confiable. El Ferrocarril Chihuahua al Pacífico es una de las pocas líneas que funciona sin problemas. Tiene unas vistas maravillosas. Algunos lo llaman "el ferrocarril más panorámico del mundo".

Viajar en avión es una buena manera de transportarse en México. Pero es la manera más costosa de viajar.

El Ferrocarril Chihuahua al Pacífico abarca un total de 435 millas (700 kilómetros). Cruza 36 puentes y pasa por 87 túneles.

valle área llana ubicada entre colinas o montañas

Lugares de interés de la capital

• **LA CATEDRAL:** La iglesia más grande de México

• **EL PALACIO NACIONAL:** Sede del gobierno de México

• **EL TEMPLO MAYOR:** Ruinas de un templo azteca

• **EL PALACIO DE BELLAS ARTES:** (debajo) Contiene algunas de las obras de arte más importantes de México.

¡Estás aquí!

Ciudad de México

La Ciudad de México

La Ciudad de México es una de las ciudades más grandes del mundo. El autobús demora mucho tiempo en llevarte hasta el centro de la ciudad.

Ciudad histórica

La Ciudad de México fue fundada por los españoles en 1521. Fue construida sobre las ruinas de una antigua capital azteca. Hoy en día, la Ciudad de México es una mezcla de estilo español y edificios modernos, con anchas avenidas que atraviesan la ciudad.

BANCO DE PALABRAS · **contaminación** liberación de sustancias químicas perjudiciales en el aire, la tierra o el agua

Problemas

Muchos son los atractivos de la Ciudad de México, pero también los problemas. Es difícil conducir en el centro debido a la gran cantidad de vehículos. Es mejor utilizar los trenes subterráneos.

Los automóviles y las fábricas generan mucha **contaminación** en la Ciudad de México. Esto crea una capa de humo y niebla, o *smog*, que cubre la capital. Con las nuevas leyes se ha disminuido el tráfico en la ciudad. Esto ayuda a reducir los niveles de contaminación.

Esa sensación de hundimiento

La Ciudad de México fue construida sobre tierra blanda y arenosa. Es por ello que se hunde aproximadamente 6 pulgadas (15 centímetros) por año.

El suelo alrededor del Monumento a la Independencia, en la Ciudad de México, se está hundiendo a gran velocidad.

Ciudades mexicanas

México tiene muchas otras ciudades interesantes para visitar. Una guía te ayudará a decidir a qué lugar puedes ir.

Una típica ciudad mexicana

Guadalajara se encuentra al oeste. Es la segunda ciudad más grande de México. Tiene un centro pequeño con monumentos que datan del siglo XVI. Es la sede de la música **mariachi**. Puedes escucharla en toda la ciudad.

> Edificios antiguos españoles rodean las plazas de Guadalajara.

 mariachi banda de músicos callejeros mexicanos que cantan y tocan el violín, la guitarra y la trompeta

¿Monterrey o Acapulco?

La concurrida ciudad de Monterrey se encuentra en el noreste. Está rodeada por las montañas de la Sierra Madre oriental. Hay plazas enormes y la mayoría de los edificios posee un estilo moderno.

Al sur de la Ciudad de México se encuentra Acapulco. Es el balneario más famoso del país. Tiene playas de arena y una vida nocturna muy animada. Decides tomar un autobús hacia Acapulco.

Los clavadistas se lanzan desde una altura impresionante, de 130 pies (40 metros), desde el acantilado en La Quebrada.

Los clavadistas de La Quebrada

Acapulco es famoso por sus valientes clavadistas. Se zambullen en el mar desde un empinado acantilado, llamado La Quebrada. Los clavadistas deben calcular el tiempo con mucho cuidado. Deben zambullirse cuando llegan las olas, de lo contrario, caerían sobre las rocas debajo del agua.

La vida en la ciudad

Acapulco es una ciudad alegre y moderna. Tiene un centro antiguo. Los barcos españoles utilizaban el puerto en el siglo XVI. Traían seda y especias al país.

La ciudad antigua de Acapulco tiene un fuerte y una plaza principal con edificios públicos. Algunos tienen pinturas sobre las paredes, o **murales**, creados por artistas mexicanos famosos.

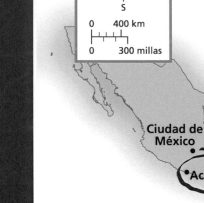

¡Estás aquí!

Ciudad de México

Acapulco

Los artistas mexicanos

Diego Rivera y José Clemente Orozco fueron famosos artistas mexicanos. Muchas de sus pinturas muestran grandes sucesos de la historia mexicana. En la página 10 se muestra la pintura más famosa de Orozco.

▶ Este mural del Palacio Presidencial de Acapulco fue pintado por Diego Rivera. Muestra escenas de la historia mexicana.

HUELGA

La casa de esta mujer, en un barrio marginal, tiene vista a la sofisticada playa de Acapulco.

Ciudades en expansión

Como otras ciudades mexicanas, Acapulco ha crecido mucho en los últimos años. Desde la década de 1950, una gran cantidad de mexicanos se ha trasladado del campo a las ciudades. Van en busca de trabajo y una vida mejor. Desafortunadamente, muchos no encuentran empleo. Algunos viven en viviendas sucias y abarrotadas de gente. Viven en estos **barrios marginales** que rodean las ciudades.

Puedes tomar el autobús para volver al centro de México. La carretera serpentea las montañas. Pasa a través de granjas y selvas. Si miras hacia atrás, verás aldeas de pescadores a lo largo de la costa azul.

La pesca

La pesca ha sido una industria importante en México desde la década de 1960. En las aguas de la costa de Baja California abundan los peces y mariscos. En el Golfo de México, la pesca de camarones es una industria importante.

La recolección de chicle

El chicle se obtiene de los árboles sapodilla. Estos se cultivan en plantaciones mexicanas. La savia se recoge en cuencos pequeños. Luego se utiliza para hacer goma de mascar.

Un trabajador corta un árbol sapodilla para recoger chicle.

Agricultura

La mayoría de las granjas mexicanas que ves son parcelas pequeñas. Aquí, los agricultores producen el alimento para sus familias. Trabajan con herramientas simples y arados tirados por caballos.

También hay granjas grandes que utilizan maquinarias agrícolas muy caras. Producen algodón, trigo, café y caña de azúcar para vender a otros países.

Silvicultura

Muchas áreas arboladas de México están siendo taladas para obtener madera. De los bosques de pinos del centro de México se consigue madera barata. Las maderas más valiosas se encuentran en las selvas tropicales del sureste.

Las haciendas

En algunas partes de México, la tierra no es muy fértil. En estas áreas, se cría ganado en haciendas muy grandes: en el norte, ganado vacuno para obtener carne; en el sur, ganado lechero para producir leche.

Los pescadores llevan sus productos a un puerto pesquero en Baja California.

La vida en el campo

Al ver el maravilloso paisaje decides pasar unos días en el campo. El autobús te deja en una pequeña aldea. Es como entrar a otro mundo.

En las ciudades, la mayoría de los mexicanos viste ropa moderna. Aquí en el campo, las mujeres usan faldas largas, blusas sueltas y mantos llamados rebozos. Los hombres usan camisas de algodón, pantalones, sandalias y sombreros.

Cultivar para comer

La mayoría de las personas del campo son agricultores. Las familias crían pocos animales, como gallinas o cerdos. La mayor parte de lo que producen es para cubrir sus propias necesidades. Venden el resto en el mercado local.

Vida familiar

A menudo, los abuelos viven con los hijos adultos. Ayudan en la crianza de sus nietos. Los jóvenes generalmente viven con sus padres hasta que se casan.

Un día en el mercado

Visitas un mercado local, llamado tiangui (debajo). Las personas vienen aquí a vender fruta y vegetales. También venden alfarería, tejidos y prácticamente todo lo que puedas imaginar.

En el campo, las mujeres llevan a sus bebés envueltos en cabestrillos hechos con sus rebozos.

Los derechos de la tierra

Desde la Revolución Mexicana, la mayor parte de las tierras de labranza de México pertenece a la persona que la trabaja. Estas parcelas de tierra, de uso público, se llaman ejidos.

México tiene muchos paisajes diferentes. Aún no has visto los desiertos de **cactus** del norte. No has contemplado las montañas de la Sierra Madre ni las selvas tropicales del sureste.

Ruinas espectaculares

Muchos turistas desean visitar al menos uno de los monumentos antiguos de México. Entre estas ruinas espectaculares están los templos mayas de Yucatán. Los mayas vivieron en el sur de México hace aproximadamente 1,700 años.

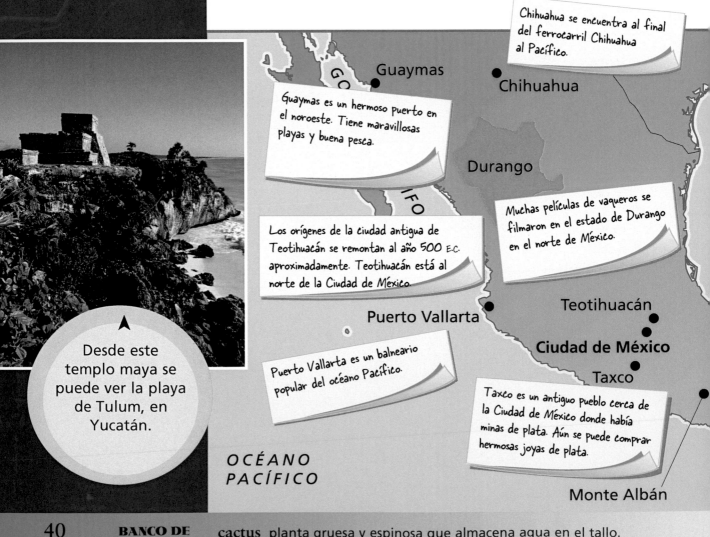

Desde este templo maya se puede ver la playa de Tulum, en Yucatán.

Chihuahua se encuentra al final del ferrocarril Chihuahua al Pacífico.

Guaymas es un hermoso puerto en el noroeste. Tiene maravillosas playas y buena pesca.

Muchas películas de vaqueros se filmaron en el estado de Durango en el norte de México.

Los orígenes de la ciudad antigua de Teotihuacán se remontan al año 500 E.C. aproximadamente. Teotihuacán está al norte de la Ciudad de México.

Puerto Vallarta es un balneario popular del océano Pacífico.

Taxco es un antiguo pueblo cerca de la Ciudad de México donde había minas de plata. Aún se puede comprar hermosas joyas de plata.

Guaymas

Chihuahua

Durango

Puerto Vallarta

Teotihuacán

Ciudad de México

Taxco

Monte Albán

OCÉANO PACÍFICO

BANCO DE PALABRAS   cactus   planta gruesa y espinosa que almacena agua en el tallo. Los cactus crecen en zonas secas.

Ciudades antiguas

También está la sorprendente ciudad de Monte Albán, en Oaxaca, en el sur de México. Fue construida por los indígenas zapotecas hace aproximadamente 2,500 años. Los expertos no están seguros de quiénes construyeron las pirámides de Teotihuacán, cerca de la Ciudad de México. En una época, estas pirámides eran parte de una ciudad poderosa.

N
O · E
S

0   800 km

0   500 millas

ESTADOS UNIDOS

GOLFO DE MÉXICO

Mérida, en Yucatán, es un buen lugar para explorar las ruinas mayas.

Cancún es el balneario más grande de la península de Yucatán.

Mérida

Cancún

La Venta

Tulum

Palenque

MAR DEL CARIBE

BELICE

HONDURAS

EL SALVADOR

GUATEMALA

¿Quedarse o marcharse?

Los parques nacionales más importantes
• **Agua Azul, Chiapas:** cascadas en la selva
• **Reserva Sian Ka'an, Yucatán:** selva tropical y manglares
• **Cascada de Basaseachic, Chihuahua:** la segunda catarata más alta de México
• **La Barranca del Cobre:** una vista panorámica impresionante de la barranca.

Has visitado Puebla, Acapulco y la Ciudad de México. Pero México es enorme. Aún hay mucho por ver. ¿Subirás a un avión y volverás a casa? ¿O te quedarás?

Días maravillosos al aire libre

Haces una lista de lo que realmente deseas hacer. Incluyes bucear en los arrecifes de coral en Yucatán. También te gustaría explorar las cavernas subterráneas. Podrías remar un kayak entre las islas a lo largo de Baja California. ¡Hay tanto por hacer!

Miles de mariposas monarca se aferran a un árbol en el santuario de Michoacán.

BANCO DE PALABRAS

manglar área pantanosa de las costas tropicales. Los manglares albergan una gran variedad de plantas y fauna.

Observar la fauna

Aún has visto poco de la fauna de México. En El Rosario, en Michoacán, puedes ver mariposas monarca. Llegan volando desde Canadá. La **laguna** Ojo de Liebre, en Baja California, es el lugar ideal para observar ballenas. También puedes ver monos y loros en las selvas tropicales.

Puedes bucear en la isla Cozumel, en Yucatán.

Una ballena gris y su cría disfrutan de las cálidas aguas de la laguna Ojo de Liebre.

laguna reserva de agua junto al mar

Descubre más

Sitios web

Si quieres descubrir más acerca de México, puedes investigar en la Internet. Trata de utilizar palabras clave tales como:

• México

• Aztecas

• Día de los Muertos

También puedes encontrar tus propias palabras clave utilizando los términos que aparecen en este libro. Prueba utilizar una guía de búsqueda, como: www.yahooligans.com.

¿Existe alguna forma para que un Detective de viajes pueda aprender más acerca de México? ¡Sí! Consulta los libros y películas a continuación:

Lectura adicional

Kalman, Bobbie. *México: Su gente*. Crabtree Publishing Co., 1994.

Kalman, Bobbie. *México: Su tierra*. Crabtree Publishing Co., 1994.

McCulloch, Julie. *A World of Recipes: Mexico*. Chicago: Heinemann Library, 2001.

Park, Ted. *Taking Your Camera to Mexico*. Chicago: Raintree, 2000.

Parker, Edward. *The Changing Face of Mexico*. Chicago: Raintree, 2002.

Películas

¡Viva Zapata! (1952)
Una película sobre Emiliano Zapata, el líder de la Revolución Mexicana de 1910–1917.

El tesoro de Sierra Madre (1948)
Una aventura que se desarrolla en la década de 1920, en México. Tres hombres buscan oro en las montañas de la Sierra Madre. Acuerdan compartir el oro que encuentran, pero pronto se ponen unos en contra de otros.

BANCO DE PALABRAS imperio grupo de países bajo el control de un único país o gobernante

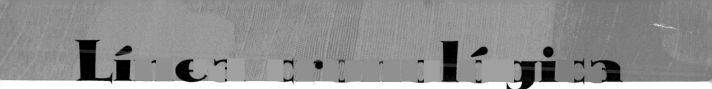

alrededor del 300 al 900 E.C.
Florece la cultura maya en el sureste de México.

década de 1340
Los aztecas fundan la ciudad de Tenochtitlan (ahora la Ciudad de México). Gobiernan un gran **imperio** desde esta capital.

1519
Un ejército de **conquistadores** españoles encabezados por Hernán Cortés desembarca en la costa del Golfo.

1521
Los conquistadores españoles conquistan Tenochtitlan. El imperio azteca es ahora parte del imperio español.

década de 1540
Los españoles descubren oro en Nueva España. Se envían grandes cantidades de oro y plata a España.

1810
Miguel Hidalgo hace un llamado a los mexicanos para que luchen contra el gobierno de España. Su discurso inicia la lucha de México por su **independencia**.

1821
México logra su independencia de España después de once años de lucha.

1836
El territorio mexicano de Texas logra su independencia. Texas se vuelve parte de los Estados Unidos en 1845.

1846 a 1848
Los Estados Unidos ganan una guerra contra México y se quedan con una gran parte de este país.

1855 a 1864
Benito Juárez, de la tribu indígena zapoteca, es presidente de México.

1862
Francia invade México. México derrota a Francia en la Batalla de Puebla. Luego, los franceses ganan otra batalla el mismo año. Nombran emperador al archiduque de Austria, Maximiliano.

1867 a 1872
Maximiliano es derrocado y Benito Juárez se convierte nuevamente en presidente.

1876 a 1911
El dictador Porfirio Díaz gobierna México.

1910 a 1917
Tiene lugar la Revolución Mexicana. Los revolucionarios derrocan el régimen de Díaz.

1917
México tiene una nueva forma de gobierno.

1929
Se forma el Partido Nacional Revolucionario (PNR) y éste gana el control de México. En 1946, se convierte en el Partido Revolucionario Institucional (PRI). Se mantiene en el poder hasta el año 2000.

1968
México es la sede de los Juegos Olímpicos.

1985
Un fuerte terremoto azota la Ciudad de México.

2000
El PRI pierde las elecciones. Es elegido presidente Vicente Fox del Partido Acción Nacional.

México: Datos y cifras

La bandera de México tiene tres franjas verticales: verde, blanca y roja (de izquierda a derecha). El escudo del centro representa una leyenda: los aztecas construyeron su capital (ahora la Ciudad de México) donde vieron un águila sentada sobre un cactus devorando una víbora. Esto es lo que muestra el escudo.

Personas y lugares

- Población: 104.9 millones.
- La Ciudad de México es la ciudad capital más antigua de América y la capital más grande del mundo.

Asuntos económicos

- Ingresos promedio:
  Hombres: USD$13,152.
  Mujeres: USD$4,978.

¿Qué hay detrás de un nombre?

- El nombre original de México era Meshtleeko. Sin embargo, a los conquistadores españoles les resultaba difícil de pronunciar. Por lo que cambiaron el nombre a México. El nombre oficial de México es los Estados Unidos Mexicanos.

Comida y salud

- México dio a conocer el chocolate al mundo.
- ¡Los mexicanos beben más botellas de Coca-Cola en un día que cualquier otra población del mundo!

Glosario

activo que puede entrar en erupción en el futuro

barrio marginal área poblada por personas muy pobres, en viviendas sucias y abarrotadas

cactus planta gruesa y espinosa que almacena agua en el tallo. Los cactus crecen en zonas secas.

cañón valle profundo, con pendientes pronunciadas, que se ha formado con el flujo de agua

católico relacionado con la religión católica romana, o un seguidor de la religión católica romana

civilización sociedad muy organizada que se ha desarrollado en un país o una región en particular

conquistadores soldados españoles que conquistaron a los indígenas mexicanos en el siglo XVI

contaminación liberación de sustancias químicas perjudiciales en el aire, la tierra o el agua

frontera línea imaginaria que separa un país de otro

hacer erupción emitir lava y cenizas

huracán tormenta violenta con vientos muy fuertes

imperio grupo de países bajo el control de un único país o gobernante

independencia momento en el que un país se libera del control de otro

laguna reserva de agua al lado del mar

llanura área de tierra plana y extensa

manglar área pantanosa de las costas tropicales. Los manglares albergan una gran variedad de plantas y fauna.

mariachi banda de músicos callejeros mexicanos que cantan y tocan el violín, la guitarra y la trompeta.

meseta área de tierra alta y plana

mestizos mexicanos que son mezcla de indígena con europeo

mineral sustancia que se encuentra en la tierra; como el oro, la plata y el cinc

mural pintura realizada sobre una pared

península extensión de tierra rodeada de agua por tres de sus lados

rebelión momento en el que un grupo de personas se unen para luchar contra aquellos que están en el poder.

revolución reemplazo de un gobierno por otro, en general por la fuerza

sacrificio algo o alguien al que se asesina y se ofrece a un dios

sombrero mexicano sombrero grande de ala ancha que a menudo, usan los hombres mexicanos

temblor terremoto pequeño

valle área llana ubicada entre colinas o montañas

Índice

Acapulco 33, 34–35
agricultura 37, 38
áreas rurales 28, 36–39
artistas 34
atuendos tradicionales 4, 5, 20, 38, 39
autobuses 28
aztecas 8, 9, 30

Baja California 6, 36, 37, 42, 43
bandera 46
Barranca del Cobre 13, 29, 40, 42

catolicismo 22
cenotes 12, 13
chicle 36
Ciudad de México 15, 22, 26, 28, 30–31
ciudades 8, 28, 30–35, 41
clavadistas 33
clima 16–17
comida 18–19, 37, 38, 46
conquistadores 8, 9, 22, 46
contaminación 31
corrida de toros 27
Cortés, Hernán 9
Costa del Golfo 13
cultura 20–23

deportes y tiempo libre 26–27, 42–43
desiertos 17, 40
Día de los Muertos 22, 23

educación 25
empleo 24

fauna 42, 43
feriados 22
ferrocarriles 28, 29
fiestas 5, 20–21, 22–23
fronteras 6, 13
fútbol 26, 27

geografía 6, 12–15, 40, 41
gobierno 7
gobierno español 8, 9, 10, 22
Guadalajara 32

haciendas 37
Hidalgo, Padre Miguel 10
historia 8–11, 45
huracanes 17

idiomas 6
independencia 10, 11
industria 24, 25, 36

jai alai 26

lluvias 16, 17

maquiladoras 24, 25
mariachi (música) 4, 5, 21, 32
mayas 40
mercados 38
Meseta Central 12, 16
mestizos 7
minería 10, 24
montañas 12, 15, 16, 17, 28, 40
Monterrey 33
murales 34

Orozco, José Clemente 34

parques nacionales 42
Península de Yucatán 6, 7, 12, 13, 40, 41, 42, 43
pesca 36, 37
población 6, 7, 46
pobreza 35
posesión de la tierra 39
Puebla 4, 5, 6, 8, 10, 11, 12, 15, 16, 17, 20, 21, 27

recursos naturales 24
religión 22, 23
Revolución Mexicana 11, 39
ríos 13
Rivera, Diego 34
rodeos 21

selvas 16, 37, 40, 43
Sierra Madre 7, 12, 13, 33, 40
sistemas de carreteras 28
sistemas de cavernas 12, 42
soltar los toros 23

terremotos 14, 15
transporte 28–29

viajar en avión 29
vida familiar 38
voladores 41
volcanes 14–15

zapotecas 41